中华经典
诵读本
第一辑

弟子规 太上感应篇

十善業道經

简体横排
大字注音
全本收录

谦德书院○编

团结出版社

© 团结出版社，2024 年

图书在版编目（CIP）数据

　中华经典诵读本．第一辑 / 谦德书院编 . — 北京：
团结出版社，2024. 11. — ISBN 978-7-5234-1194-0
　Ⅰ. K203-49
　中国国家版本馆 CIP 数据核字第 20249Z01J3 号

责任编辑：王思柠
封面设计：萧宇岐

出　版：团结出版社
　　　　（北京市东城区东皇城根南街 84 号 邮编：100006）
电　话：（010）65228880 65244790
网　址：http://www.tjpress.com
E-mail：zb65244790@vip.163.com
经　销：全国新华书店
印　装：天宇万达印刷有限公司

开　本：145mm×210mm　32 开
印　张：27　　　　　　　　字　数：350 千字
版　次：2024 年 11 月 第 1 版　印　次：2024 年 11 月 第 1 次印刷

书　号：978-7-5234-1194-0
定　价：180.00 元（全九册）
　　　　（版权所属，盗版必究）

出 版 说 明

中华文明，有着五千多年的悠久历史，是世界上唯一流传至今、没有中断的文明。中华文明价值中最为重要的，就是祖先给我们留下的大量经典。这些典籍，薪火相传，一直流淌在中国人的血液中。

近年来，由于全社会对于弘扬中华优秀传统文化的高度重视，在大量志士仁人的努力推动下，中华传统文化逐渐迎来了复兴的春天。在此背景下，我们编辑出版了这一套《中华经典诵读本》，旨在弘扬中华优秀传统文化，延续传统，推动读经教育的普及。

本套读本采用简体、大字、横排、注音的形式，选择经典若干种，陆续分辑出版。采用简体横排，旨在顺应现代读者的阅读习惯。

大字，旨在方便儿童认识汉字，减少视觉疲劳。注音采用汉语拼音，旨在保证初学者读音准确。整套读本的经文底本和注音均参考历代注疏和诸家版本，严加校正，以求最善。

这套书不仅适合广大少年儿童作为读经教材，即便是成年人，读诵这些经典，也是大有益处的。古人云："旧书不厌百回读。"我们期待着，这些典籍能够家弦户诵，朗朗的读书声能传遍中华大地，让古老的中华文明，重新焕发出新的活力。

目 录

弟子规 ……………………………………… 一

太上感应篇 ………………………………… 一一

佛说十善业道经 …………………………… 一九

佛说十善业道经节要 ……………………… 三三

雍正皇帝上谕节要 ………………………… 三九

朱子治家格言 ……………………………… 四三

文昌帝君阴骘文 …………………………… 四九

dì　zǐ　guī
弟子规

qīng　lǐ　yù　xiù　biān
（清）李毓秀 编

jiǎ　cún　rén　xiū　dìng
贾存仁 修订

扫一扫　听诵读

总叙 (zǒng xù)

弟子规 (dì zǐ guī)　圣人训 (shèng rén xùn)　首孝弟 (shǒu xiào tì)　次谨信 (cì jǐn xìn)

泛爱众 (fàn ài zhòng)　而亲仁 (ér qīn rén)　有余力 (yǒu yú lì)　则学文 (zé xué wén)

入则孝 (rù zé xiào)

父母呼 (fù mǔ hū)　应勿缓 (yìng wù huǎn)　父母命 (fù mǔ mìng)　行勿懒 (xíng wù lǎn)

父母教 (fù mǔ jiào)　须敬听 (xū jìng tīng)　父母责 (fù mǔ zé)　须顺承 (xū shùn chéng)

冬则温 (dōng zé wēn)　夏则清 (xià zé qìng)　晨则省 (chén zé xǐng)　昏则定 (hūn zé dìng)

出必告 (chū bì gào)　反必面 (fǎn bì miàn)　居有常 (jū yǒu cháng)　业无变 (yè wú biàn)

事虽小 (shì suī xiǎo)　勿擅为 (wù shàn wéi)　苟擅为 (gǒu shàn wéi)　子道亏 (zǐ dào kuī)

物虽小 (wù suī xiǎo)　勿私藏 (wù sī cáng)　苟私藏 (gǒu sī cáng)　亲心伤 (qīn xīn shāng)

亲所好 (qīn suǒ hào)　力为具 (lì wèi jù)　亲所恶 (qīn suǒ wù)　谨为去 (jǐn wèi qù)

shēn yǒu shāng　yí qīn yōu　dé yǒu shāng　yí qīn xiū
身　有　伤　　贻　亲　忧　　德　有　伤　　贻　亲　羞

qīn ài wǒ　xiào hé nán　qīn zēng wǒ　xiào fāng xián
亲　爱　我　　孝　何　难　　亲　憎　我　　孝　方　贤

qīn yǒu guò　jiàn shǐ gēng　yí wú sè　róu wú shēng
亲　有　过　　谏　使　更　　怡　吾　色　　柔　吾　声

jiàn bú rù　yuè fù jiàn　háo qì suí　tà wú yuàn
谏　不　入　　悦　复　谏　　号　泣　随　　挞　无　怨

qīn yǒu jí　yào xiān cháng　zhòu yè shì　bù lí chuáng
亲　有　疾　　药　先　尝　　昼　夜　侍　　不　离　床

sāng sān nián　cháng bēi yè　jū chù biàn　jiǔ ròu jué
丧　三　年　　常　悲　咽　　居　处　变　　酒　肉　绝

sāng jìn lǐ　jì jìn chéng　shì sǐ zhě　rú shì shēng
丧　尽　礼　　祭　尽　诚　　事　死　者　　如　事　生

chū zé tì
出　则　弟

xiōng dào yǒu　dì dào gōng　xiōng dì mù　xiào zài zhōng
兄　道　友　　弟　道　恭　　兄　弟　睦　　孝　在　中

cái wù qīng　yuàn hé shēng　yán yǔ rěn　fèn zì mǐn
财　物　轻　　怨　何　生　　言　语　忍　　忿　自　泯

huò yǐn shí　huò zuò zǒu　zhǎng zhě xiān　yòu zhě hòu
或　饮　食　　或　坐　走　　长　者　先　　幼　者　后

zhǎng hū rén　jí dài jiào　rén bú zài　jǐ jí dào
长　呼　人　　即　代　叫　　人　不　在　　己　即　到

chēng zūn zhǎng　wù hū míng　duì zūn zhǎng　wù xiàn néng
称　尊　长　　勿　呼　名　　对　尊　长　　勿　见　能

路遇长 疾趋揖 长无言 退恭立
骑下马 乘下车 过犹待 百步余
长者立 幼勿坐 长者坐 命乃坐
尊长前 声要低 低不闻 却非宜
进必趋 退必迟 问起对 视勿移
事诸父 如事父 事诸兄 如事兄

谨

朝起早 夜眠迟 老易至 惜此时
晨必盥 兼漱口 便溺回 辄净手
冠必正 纽必结 袜与履 俱紧切
置冠服 有定位 勿乱顿 致污秽
衣贵洁 不贵华 上循分 下称家
对饮食 勿拣择 食适可 勿过则

nián fāng shào
年方少

wù yǐn jiǔ
勿饮酒

yǐn jiǔ zuì
饮酒醉

zuì wéi chǒu
最为丑

bù cōng róng
步从容

lì duān zhèng
立端正

yī shēn yuán
揖深圆

bài gōng jìng
拜恭敬

wù jiàn yù
勿践阈

wù bì yǐ
勿跛倚

wù jī jù
勿箕踞

wù yáo bì
勿摇髀

huǎn jiē lián
缓揭帘

wù yǒu shēng
勿有声

kuān zhuǎn wān
宽转弯

wù chù léng
勿触棱

zhí xū qì
执虚器

rú zhí yíng
如执盈

rù xū shì
入虚室

rú yǒu rén
如有人

shì wù máng
事勿忙

máng duō cuò
忙多错

wù wèi nán
勿畏难

wù qīng lüè
勿轻略

dòu nào chǎng
斗闹场

jué wù jìn
绝勿近

xié pì shì
邪僻事

jué wù wèn
绝勿问

jiāng rù mén
将入门

wèn shú cún
问孰存

jiāng shàng táng
将上堂

shēng bì yáng
声必扬

rén wèn shuí
人问谁

duì yǐ míng
对以名

wú yǔ wǒ
吾与我

bù fēn míng
不分明

yòng rén wù
用人物

xū míng qiú
须明求

tǎng bú wèn
倘不问

jí wéi tōu
即为偷

jiè rén wù
借人物

jí shí huán
及时还

hòu yǒu jí
后有急

jiè bù nán
借不难

xìn
信

fán chū yán
凡出言

xìn wéi xiān
信为先

zhà yǔ wàng
诈与妄

xī kě yān
奚可焉

话说多　不如少　惟其是　勿佞巧

奸巧语　秽污词　市井气　切戒之

见未真　勿轻言　知未的　勿轻传

事非宜　勿轻诺　苟轻诺　进退错

凡道字　重且舒　勿急疾　勿模糊

彼说长　此说短　不关己　莫闲管

见人善　即思齐　纵去远　以渐跻

见人恶　即内省　有则改　无加警

唯德学　唯才艺　不如人　当自砺

若衣服　若饮食　不如人　勿生戚

闻过怒　闻誉乐　损友来　益友却

闻誉恐　闻过欣　直谅士　渐相亲

无心非　名为错　有心非　名为恶

过能改　归于无　倘掩饰　增一辜

fàn ài zhòng
泛爱众

凡是人　皆须爱　天同覆　地同载
fán shì rén　jiē xū ài　tiān tóng fù　dì tóng zài

行高者　名自高　人所重　非貌高
xìng gāo zhě　míng zì gāo　rén suǒ zhòng　fēi mào gāo

才大者　望自大　人所服　非言大
cái dà zhě　wàng zì dà　rén suǒ fú　fēi yán dà

己有能　勿自私　人所能　勿轻訾
jǐ yǒu néng　wù zì sī　rén suǒ néng　wù qīng zī

勿谄富　勿骄贫　勿厌故　勿喜新
wù chǎn fù　wù jiāo pín　wù yàn gù　wù xǐ xīn

人不闲　勿事搅　人不安　勿话扰
rén bù xián　wù shì jiǎo　rén bù ān　wù huà rǎo

人有短　切莫揭　人有私　切莫说
rén yǒu duǎn　qiè mò jiē　rén yǒu sī　qiè mò shuō

道人善　即是善　人知之　愈思勉
dào rén shàn　jí shì shàn　rén zhī zhī　yù sī miǎn

扬人恶　即是恶　疾之甚　祸且作
yáng rén è　jí shì è　jí zhī shèn　huò qiě zuò

善相劝　德皆建　过不规　道两亏
shàn xiāng quàn　dé jiē jiàn　guò bù guī　dào liǎng kuī

凡取与　贵分晓　与宜多　取宜少
fán qǔ yǔ　guì fēn xiǎo　yǔ yí duō　qǔ yí shǎo

将加人　先问己　己不欲　即速已
jiāng jiā rén　xiān wèn jǐ　jǐ bú yù　jí sù yǐ

恩欲报　怨欲忘　报怨短　报恩长
ēn yù bào　yuàn yù wàng　bào yuàn duǎn　bào ēn cháng

待婢仆 dài bì pú　身贵端 shēn guì duān　虽贵端 suī guì duān　慈而宽 cí ér kuān

势服人 shì fú rén　心不然 xīn bù rán　理服人 lǐ fú rén　方无言 fāng wú yán

亲仁 qīn rén

同是人 tóng shì rén　类不齐 lèi bù qí　流俗众 liú sú zhòng　仁者希 rén zhě xī

果仁者 guǒ rén zhě　人多畏 rén duō wèi　言不讳 yán bú huì　色不媚 sè bú mèi

能亲仁 néng qīn rén　无限好 wú xiàn hǎo　德日进 dé rì jìn　过日少 guò rì shǎo

不亲仁 bù qīn rén　无限害 wú xiàn hài　小人进 xiǎo rén jìn　百事坏 bǎi shì huài

余力学文 yú lì xué wén

不力行 bú lì xíng　但学文 dàn xué wén　长浮华 zhǎng fú huá　成何人 chéng hé rén

但力行 dàn lì xíng　不学文 bù xué wén　任己见 rèn jǐ jiàn　昧理真 mèi lǐ zhēn

读书法 dú shū fǎ　有三到 yǒu sān dào　心眼口 xīn yǎn kǒu　信皆要 xìn jiē yào

方读此　勿慕彼　此未终　彼勿起

宽为限　紧用功　功夫到　滞塞通

心有疑　随札记　就人问　求确义

房室清　墙壁净　几案洁　笔砚正

墨磨偏　心不端　字不敬　心先病

列典籍　有定处　读看毕　还原处

虽有急　卷束齐　有缺坏　就补之

非圣书　屏勿视　蔽聪明　坏心志

勿自暴　勿自弃　圣与贤　可驯致

（《弟子规》终）

太上感应篇

tài shàng gǎn yìng piān

扫一扫　听诵读

太上曰。祸福无门。惟人自召。善恶之报。如影随形。

是以天地有司过之神。依人所犯轻重。以夺人算。算减则贫耗。多逢忧患。人皆恶之。刑祸随之。吉庆避之。恶星灾之。算尽则死。又有三台北斗神君。在人头上。录人罪恶。夺其纪算。又有三尸神。在人身中。每到庚申日。辄上诣天曹。言人罪过。月晦之日。灶神亦然。凡人有过。大则夺纪。小则夺算。其过大小。有数百事。欲求长生者。先须避之。

是道则进。非道则退。不履邪径。不欺暗室。积德累功。慈心于物。忠孝友悌。正己化人。矜孤恤寡。敬老怀幼。昆虫草木。犹不可伤。宜悯人之凶。乐人之善。济人之急。救人之危。见人之得。如己之得。见人之失。如己之失。不彰人短。不炫己长。过恶扬善。推多取少。受辱不怨。受宠若惊。施恩不求报。与人不追悔。所谓善人。人皆敬之。天道佑之。福禄随之。众邪远之。神灵卫之。所作必成。神仙可冀。欲求天仙者。当立一千三百善。欲求地仙者。当立三百善。

苟或非义而动。背理而行。以恶为能。忍作残害。阴贼良善。暗侮君亲。慢其先生。叛其所事。诳诸无识。谤诸同学。虚诬诈伪。攻讦宗亲。刚强不仁。狠戾自用。是非不当。向背乖宜。虐下取功。谄上希旨。受恩不感。念怨不休。轻蔑天民。扰乱国政。赏及非义。刑及无辜。杀人取财。倾人

太上感应篇

取位。诛降戮服。贬正排贤。凌孤逼寡。弃

法受赂。以直为曲。以曲为直。入轻为重。

见杀加怒。知过不改。知善不为。自罪引

他。壅塞方术。讪谤圣贤。侵凌道德。射飞

逐走。发蛰惊栖。填穴覆巢。伤胎破卵。愿

人有失。毁人成功。危人自安。减人自益。

以恶易好。以私废公。窃人之能。蔽人之

善。形人之丑。讦人之私。耗人货财。离人

骨肉。侵人所爱。助人为非。逞志作威。辱

人求胜。败人苗稼。破人婚姻。苟富而骄。

苟免无耻。认恩推过。嫁祸卖恶。沽买虚

誉。包贮险心。挫人所长。护己所短。乘威

迫胁。纵暴杀伤。无故剪裁。非礼烹宰。散

弃五谷。劳扰众生。破人之家。取其财宝。

决水放火。以害民居。紊乱规模。以败人

功。损人器物。以穷人用。见他荣贵。愿他流贬。见他富有。愿他破散。见他色美。起心私之。负他货财。愿他身死。干求不遂。便生咒恨。见他失便。便说他过。见他体相不具而笑之。见他才能可称而抑之。埋蛊厌人。用药杀树。恚怒师傅。抵触父兄。强取强求。好侵好夺。掳掠致富。巧诈求迁。赏罚不平。逸乐过节。苛虐其下。恐吓于他。怨天尤人。呵风骂雨。斗合争讼。妄逐朋党。用妻妾语。违父母训。得新忘故。口是心非。贪冒于财。欺罔其上。造作恶语。谗毁平人。毁人称直。骂神称正。弃顺效逆。背亲向疏。指天地以证鄙怀。引神明而鉴猥事。施与后悔。假借不还。分外营求。力上施设。淫欲过度。心毒貌慈。秽食喂人。左道惑众。短尺狭度。轻秤小升。以伪杂真。采取奸利。压良为贱。谩蓦愚人。贪婪无厌。咒诅求直。嗜酒悖乱。骨肉忿争。男不忠良。女不柔顺。不和其室。不敬其夫。每好矜夸。常行妒忌。无行于妻子。失礼于舅姑。轻慢先灵。违逆上命。作为无益。怀挟外心。自咒咒他。偏憎偏爱。越井越灶。跳食跳人。损子堕胎。行多隐僻。晦腊歌舞。朔旦号怒。对北涕唾及溺。对灶吟咏及哭。又以灶火烧香。秽柴作食。夜起裸露。八节行刑。唾流星。指虹霓。辄指三光。久视日月。春月燎猎。对北恶骂。无故杀龟打蛇。如是等罪。司命随其轻重。夺其纪算。算尽则死。死有余责。乃殃及子孙。又诸横取人财者。乃计其妻子家口以当之。渐至死丧。

若不死丧。则有水火盗贼。遗亡器物。疾病
口舌诸事。以当妄取之值。又枉杀人者。是
易刀兵而相杀也。取非义之财者。譬如漏脯
救饥。鸩酒止渴。非不暂饱。死亦及之。

夫心起于善。善虽未为。而吉神已随之。
或心起于恶。恶虽未为。而凶神已随之。其
有曾行恶事。后自改悔。诸恶莫作。众善奉
行。久久必获吉庆。所谓转祸为福也。故吉
人语善。视善。行善。一日有三善。三年天
必降之福。凶人语恶。视恶。行恶。一日有
三恶。三年天必降之祸。胡不勉而行之？

（《太上感应篇》终）

fó shuō shí shàn yè dào jīng
佛说十善业道经

táng yú tián guó sān zàng fǎ shī shí chā nán tuó yì
唐于阗国三藏法师实叉难陀 译

扫一扫　听诵读

如是我闻。一时佛在娑竭罗龙宫。与八千大比丘众。三万二千菩萨摩诃萨俱。尔时世尊告龙王言。一切众生心想异故。造业亦异。由是故有诸趣轮转。龙王。汝见此会及大海中。形色种类各别不耶。如是一切。靡不由心。造善不善。身业。语业。意业所致。而心无色。不可见取。但是虚妄。诸法集起。毕竟无主。无我。我所。虽各随业。所现不同。而实于中。无有作者。故一切法皆不思议。自性如幻。智者知已。应修善业。以是所生蕴处界等。皆悉端正。见者无厌。

龙王。汝观佛身。从百千亿福德所生。诸相庄严。光明显曜。蔽诸大众。设无量亿自在梵王。悉不复现。其有瞻仰如来身者。莫不目眩。汝又观此诸大菩萨。妙色严净。一切皆由修集善业福德而生。又诸天龙八部众等大威势者。亦因善业福德所生。今大海中所有众生。形色粗鄙。或大或小。皆由自心种种想念。作身语意诸不善业。是故随业。各自受报。汝今当应如是修学。亦令众生了达因果。修习善业。汝当于此。正见不动。勿复堕在断常见中。于诸福田。欢喜敬养。是故汝等。亦得人天尊敬供养。

龙王。当知菩萨有一法。能断一切诸恶道苦。何等为一。谓于昼夜。常念思惟观察善法。令诸善法念念增长。不容毫分不善间杂。是即能令诸恶永断。善法圆满。常得亲近诸佛菩萨及余圣众。言善法者。谓人天身。声闻菩提。独觉菩提。无上菩提。皆依此法。以为根本。而得成就。故名善法。

此法即是十善业道。何等为十。谓能永离杀生。偷盗。邪行。妄语。两舌。恶口。绮语。贪欲。瞋恚。邪见。

龙王。若离杀生。即得成就十离恼法。何等为十。一于诸众生普施无畏。二常于众生起大慈心。三永断一切瞋恚习气。四身常无病。五寿命长远。六恒为非人之所守护。七常无恶梦。寝觉快乐。八灭除怨结。众怨自解。九无恶道怖。十命终生天。是为十。若能回向阿耨多罗三藐三菩提者。后成佛时。得佛随心自在寿命。

复次。龙王。若离偷盗。即得十种可保信法。何等为十。一者资财盈积。王贼水火及非爱子不能散灭。二多人爱念。三人不欺负。四十方赞美。五不忧损害。六善名流布。七处众无畏。八财命色力安乐。辩才具足无缺。九常怀施意。十命终生天。是为十。若能回向阿耨多罗三藐三菩提者。后成佛时。得证清净大菩提智。

复次。龙王。若离邪行。即得四种智所赞法。何等为四。一诸根调顺。二永离諠掉。三世所称叹。四妻莫能侵。是为四。若能回向阿耨多罗三藐三菩提者。后成佛时。得佛丈夫隐密藏相。

复次。龙王。若离妄语。即得八种天所赞法。何等为八。一口常清净。优钵华香。二为诸世间之所信伏。三发言成证。人天敬爱。四常以爱语安慰众生。五得胜意乐。三业清净。六言无误失。心常欢喜。七发言尊

重。人天奉行。八智慧殊胜。无能制伏。是
为八。若能回向阿耨多罗三藐三菩提者。后
成佛时。即得如来真实语。

复次。龙王。若离两舌。即得五种不可
坏法。何等为五。一得不坏身。无能害故。
二得不坏眷属。无能破故。三得不坏信。顺
本业故。四得不坏法行。所修坚固故。五得
不坏善知识。不诳惑故。是为五。若能回向
阿耨多罗三藐三菩提者。后成佛时。得正眷
属。诸魔外道不能沮坏。

复次。龙王。若离恶口。即得成就八种
净业。何等为八。一言不乖度。二言皆利
益。三言必契理。四言词美妙。五言可承
领。六言则信用。七言无可讥。八言尽爱
乐。是为八。若能回向阿耨多罗三藐三菩提

者。后成佛时。具足如来梵音声相。

复次。龙王。若离绮语。即得成就三种决定。何等为三。一定为智人所爱。二定能以智如实答问。三定于人天威德最胜。无有虚妄。是为三。若能回向阿耨多罗三藐三菩提者。后成佛时。即得如来诸所授记。皆不唐捐。

复次。龙王。若离贪欲。即得成就五种自在。何等为五。一三业自在。诸根具足故。二财物自在。一切怨贼不能夺故。三福德自在。随心所欲。物皆备故。四王位自在。珍奇妙物。皆奉献故。五所获之物。过本所求。百倍殊胜。由于昔时不悭嫉故。是为五。若能回向阿耨多罗三藐三菩提者。后成佛时。三界特尊。皆共敬养。

复次。龙王。若离瞋恚。即得八种喜悦心法。何等为八。一无损恼心。二无瞋恚心。三无诤讼心。四柔和质直心。五得圣者慈心。六常作利益安众生心。七身相端严。众共尊敬。八以和忍故。速生梵世。是为八。若能回向阿耨多罗三藐三菩提者。后成佛时。得无碍心。观者无厌。

复次。龙王。若离邪见。即得成就十功德法。何等为十。一得真善意乐。真善等侣。二深信因果。宁殒身命。终不作恶。三唯皈依佛。非余天等。四直心正见。永离一切吉凶疑网。五常生人天。不更恶道。六无量福慧。转转增胜。七永离邪道。行于圣道。八不起身见。舍诸恶业。九住无碍见。十不堕诸难。是为十。若能回向阿耨多罗三藐三菩提者。后成佛时。速证一切佛法。成就自在神通。

尔时。世尊复告龙王言。若有菩萨依此善业。于修道时。能离杀害而行施故。常富财宝。无能侵夺。长寿无夭。不为一切怨贼损害。

离不与取而行施故。常富财宝。无能侵夺。最胜无比。悉能备集。诸佛法藏。

离非梵行而行施故。常富财宝。无能侵夺。其家直顺。母及妻子。无有能以欲心视者。离虚诳语。而行施故。常富财宝。无能侵夺。离众毁谤。摄持正法。如其誓愿。所作必果。

离离间语。而行施故。常富财宝。无能侵夺。眷属和睦。同一志乐。恒无乖诤。

离粗恶语而行施故。常富财宝。无能侵
夺。一切众会。欢喜归依。言皆信受。无违
拒者。

离无义语。而行施故。常富财宝。无能侵
夺。言不虚设。人皆敬受。能善方便。断诸
疑惑。

离贪求心。而行施故。常富财宝。无能侵
夺。一切所有。悉以慧舍。信解坚固。具大
威力。

离忿怒心。而行施故。常富财宝。无能侵
夺。速自成就。无碍心智。诸根严好。见皆
敬爱。

离邪倒心。而行施故。常富财宝。无能侵
夺。恒生正见敬信之家。见佛闻法。供养众
僧。常不忘失大菩提心。是为大士修菩萨道

时。行十善业。以施庄严。所获大利如是。

龙王。举要言之。行十善道。以戒庄严故。能生一切佛法义利。满足大愿。

忍辱庄严故。得佛圆音。具众相好。

精进庄严故。能破魔怨。入佛法藏。

定庄严故。能生念慧。惭愧轻安。

慧庄严故。能断一切分别妄见。

慈庄严故。于诸众生。不起恼害。

悲庄严故。愍诸众生。常不厌舍。

喜庄严故。见修善者。心无嫌嫉。

舍庄严故。于顺违境。无爱恚心。

四摄庄严故。常勤摄化一切众生。

念处庄严故。善能修习四念处观。

正勤庄严故。悉能断除一切不善法。成

一切善法。

佛说十善业道经

三〇

神足庄严故。恒令身心轻安快乐。

五根庄严故。深信坚固。精勤匪懈。常无迷妄。寂然调顺。断诸烦恼。

力庄严故。众怨尽灭。无能坏者。

觉支庄严故。常善觉悟一切诸法。

正道庄严故。得正智慧常现在前。

止庄严故。悉能涤除一切结使。

观庄严故。能如实知诸法自性。

方便庄严故。速得成满为无为乐。

龙王。当知此十善业。乃至能令十力。无畏。十八不共。一切佛法皆得圆满。是故汝等应勤修学。龙王。譬如一切城邑聚落。皆依大地而得安住。一切药草卉木丛林。亦皆依地而得生长。此十善道亦复如是。一切人天依之而立。一切声闻。独觉菩提。诸菩萨行。一切佛法。咸共依此十善大地而得成就。

佛说此经已。娑竭罗龙王。及诸大众。一切世间。天。人。阿修罗等。皆大欢喜。信受奉行。

（《佛说十善业道经》终）

fó shuō shí shàn yè dào jīng jié yào
佛说十善业道经节要

扫一扫　听诵读

如是我闻。一时。佛在娑竭罗龙宫。与八千大比丘众。三万二千菩萨摩诃萨俱。尔时世尊。告龙王言。一切众生。心想异故。造业亦异。由是故有诸趣轮转。龙王。汝见此会。及大海中。形色种类。各别不耶。如是一切。靡不由心。造善不善。身业语业意业所致。而心无色。不可见取。但是虚妄。诸法集起。毕竟无主。无我我所。虽各随业。所现不同。而实于中。无有作者。故一切法。皆不思议。自性如幻。智者知已。应修善业。以是所生蕴处界等。皆悉端正。见者无厌。

龙王。汝观佛身。从百千亿福德所生。诸相庄严。光明显曜。蔽诸大众。

汝又观此诸大菩萨。妙色严净。一切皆由

修集善业福德而生。又诸天龙八部众等。大威势者。亦因善业福德所生。

汝今当应。如是修学。亦令众生了达因果。修习善业。于诸福田。欢喜敬养。是故汝等。亦得人天尊敬供养。

龙王当知。菩萨有一法。能断一切诸恶道苦。何等为一。谓于昼夜常念思惟。观察善法。令诸善法。念念增长。不容毫分。不善间杂。是即能令诸恶永断。善法圆满。常得亲近诸佛菩萨及余圣众。言善法者。谓人天身。声闻菩提。独觉菩提。无上菩提。皆依此法。以为根本。而得成就。故名善法。

此法即是。十善业道。何等为十。谓能永离杀生。偷盗。邪行。妄语。两舌。恶口。绮语。贪欲。瞋恚。邪见。

此十善业。乃至能令六度。四无量心。四摄。三十七道品。止观。方便。十力无畏。十八不共。一切佛法。皆得圆满。一切人天。依之而立。是故汝等。应勤修学。

佛说此经已。娑竭罗龙王。及诸大众。一切世间。天人。阿修罗等。皆大欢喜。信受奉行。

yōng zhèng huáng dì shàng yù jié yào
雍正皇帝上谕节要

扫一扫　听诵读

上谕。朕惟三教之觉民于海内也。理同出于一原。道并行而不悖。人惟不能豁然贯通。于是人各异心。心各异见。慕道者谓佛不如道之尊。向佛者谓道不如佛之大。而儒者又兼辟二氏以为异端。怀挟私心。纷争角胜而不相下。朕以持三教之论。亦惟得其平而已矣。能得其平。则外略形迹之异。内证性理之同。而知三教初无异旨。无非欲人同归于善。夫佛氏之五戒十善。导人于善也。吾儒之五常百行。诱掖奖劝。有一不引人为善哉。昔宋文帝。问侍中何尚之曰。六经本是济俗。若性灵真要。则以佛经为指南。如率土之民。皆淳此化。则吾坐致太平矣。何尚之对曰。百家之乡。十人持五戒。则十人淳谨。千室之邑。百人持十善。则百人和睦。持此风教。以周寰区。则编户亿千。

仁人百万。而能行一善。则去一恶。去一

恶。则息一刑。一刑息于家。万刑息于国。

洵乎可以垂拱坐致太平矣。斯言也。盖以劝

善者。治天下之要道也。而佛教之化贪吝。

诱贤良。旨亦本于此。苟信而从之。洵可以

型方训俗。而为致君泽民之大助。其任意诋

毁。妄捏为杨墨之道之论者。皆未见颜色失

平之瞽说也。特谕。

雍正十一年二月十五日

zhū zǐ zhì jiā gé yán

朱子治家格言

qīng　zhū bǎi lú
（清）朱柏庐

扫一扫　听诵读

黎明即起。洒扫庭除。要内外整洁。

既昏便息。关锁门户。必亲自检点。

一粥一饭。当思来处不易。半丝半缕。恒念物力维艰。

宜未雨而绸缪。毋临渴而掘井。

自奉必须俭约。宴客切勿留连。

器具质而洁。瓦缶胜金玉。饮食约而精。园蔬愈珍馐。

勿营华屋。勿谋良田。三姑六婆。实淫盗之媒。

婢美妾娇。非闺房之福。童仆勿用俊美。妻妾切忌艳妆。

祖宗虽远。祭祀不可不诚。子孙虽愚。经书不可不读。

居身务期简朴。教子要有义方。

勿贪意外之财。勿饮过量之酒。

与肩挑贸易。毋占便宜。见贫苦亲邻。须加温恤。

刻薄成家。理无久享。伦常乖舛。立见消亡。

兄弟叔侄。须分多润寡。长幼内外。宜法肃辞严。

听妇言。乖骨肉。岂是丈夫。重赀财。薄父母。不成人子。

嫁女择佳婿。毋索重聘。娶媳求淑女。勿计厚奁。

见富贵而生谄容者。最可耻。遇贫穷而作骄态者。贱莫甚。

居家戒争讼。讼则终凶。处世戒多言。言多必失。

勿恃势力而凌逼孤寡。勿贪口腹而恣杀牲禽。

乖僻自是。悔误必多。颓惰自甘。家道难成。

狎昵恶少。久必受其累。屈志老成。急则可相依。

轻听发言。安知非人之谮愬。当忍耐三思。

因事相争。安知非我之不是。须平心暗想。

施惠无念。受恩莫忘。凡事当留余地。得意不宜再往。

人有喜庆。不可生妒忌心。人有祸患。不可生喜幸心。

善欲人见。不是真善。恶恐人知。便是大

è
恶。

见色而起淫心。报在妻女。匿怨而用暗
箭。祸延子孙。

家门和顺。虽饔飧不继。亦有余欢。

国课早完。即囊橐无余。自得至乐。

读书志在圣贤。非徒科第。为官心存君
国。岂计身家。

守分安命。顺时听天。为人若此。庶乎近
焉。

（《朱子治家格言》终）

朱子治家格言

wén chāng dì jūn yīn zhì wén
文昌帝君阴骘文

扫一扫　听诵读

帝君曰。吾一十七世为士大夫身。未尝虐民酷吏。救人之难。济人之急。悯人之孤。容人之过。广行阴骘。上格苍穹。人能如我存心。天必赐汝以福。

于是训于人曰。昔于公治狱。大兴驷马之门。窦氏济人。高折五枝之桂。救蚁中状元之选。埋蛇享宰相之荣。欲广福田。须凭心地。行时时之方便。作种种之阴功。利物利人。修善修福。正直代天行化。慈祥为国救民。忠主孝亲。敬兄信友。或奉真朝斗。或拜佛念经。报答四恩。广行三教。济急如济涸辙之鱼。救危如救密罗之雀。矜孤恤寡。敬老怜贫。措衣食。周道路之饥寒。施棺椁。免尸骸之暴露。家富提携亲戚。岁饥赈济邻朋。斗称须要公平。不可轻出重入。

奴仆待之宽恕。岂宜备责苛求。印造经文。
创修寺院。舍药材以拯疾苦。施茶水以解渴
烦。或买物而放生。或持斋而戒杀。举步常
看虫蚁。禁火莫烧山林。点夜灯以照人行。
造河船以济人渡。勿登山而网禽鸟。勿临水
而毒鱼虾。勿宰耕牛。勿弃字纸。勿谋人之
财产。勿妒人之技能。勿淫人之妻女。勿唆
人之争讼。勿坏人之名利。勿破人之婚姻。
勿因私仇。使人兄弟不和。勿因小利。使
人父子不睦。勿倚权势而辱善良。勿恃富豪
而欺穷困。善人则亲近之。助德行于身心。
恶人则远避之。杜灾殃于眉睫。常须隐恶扬
善。不可口是心非。翦碍道之荆榛。除当途
之瓦石。修数百年崎岖之路。造千万人来往
之桥。垂训以格人非。捐赀以成人美。作事

须循天理。出言要顺人心。见先哲于羹墙。慎独知于衾影。诸恶莫作。众善奉行。永无恶曜加临。常有吉神拥护。近报则在自己。远报则在儿孙。百福骈臻。千祥云集。岂不从阴骘中得来者哉？

（《文昌帝君阴骘文》终）

五三